Abécédaire,

ET

Préceptes de Morale

et de Civilité;

Pour les Enfans de l'un et de l'autre Sexe,

Suivis d'un petit Traité sur l'écriture, des noms des différens cris des animaux les plus connus, et d'un Tableau propre à apprendre à connoître et à nommer les divers chiffres ;

Revu, corrigé et augmenté par l'auteur, M. MICHAUD, ancien Instituteur, tenant pension à Ebreuil, près Gannat, département de l'Allier.

Clermont-Ferrand,

DE L'IMPRIMERIE DE THIBAUD-LANDRIOT,
IMPRIMEUR-LIBRAIRE.

1831.

AVERTISSEMENT.

Ce petit ouvrage est d'autant plus ingénieux et intéressant, qu'on a fait entrer dans tous les modèles qu'on a imprimés en différens caractères, pour faire épeler et lire aux enfans, des sujets qui servent, en même temps, à apprendre aux jeunes gens les principes de la lecture et de l'écriture, à exercer et orner leur mémoire, à adoucir et civiliser leurs manières et leur caractère, à leur inspirer de bonnes mœurs, et enfin, à former leurs cœurs dans la pratique de la vertu. Les parens et instituteurs feront donc très-bien de le faire apprendre tout entier par cœur à leurs enfans ou écoliers, aussitôt qu'ils sauront lire, et de leur faire mettre en pratique tous les préceptes qui y sont, à mesure que les circonstances et les occasions se présenteront.

ABÉGÉDAIRE,

ET

PRÉCEPTES DE MORALE
ET DE CIVILITÉ,

POUR LES ENFANS DE L'UN ET DE L'AUTRE SEXE.

A a b c d e f g h i
j k l m n o p q r s t
u v x y z.

A B C D E F G
H I J K L M N O
P Q R S T U V
X Y Z.

Q q z d s g a p m u k v j x b o y
n f t e l r i h c, etc.

a. e. i. o. u. é. è. ê.

ub ib ab ob eb
oc ec uc ac ic
ed ad id ud od
if of ef af uf
ag ug og eg ig
uh eh ah ih oh
ol il ul al el
em am im om um
in on en un an
ap up op ep ip
ur ir ar or er
os es us is as
et at it ut ot
ix ox ex ax ux
az uz oz ez iz

ba be bo bê bi bu bé
co cé cu ca cé ci çe
dé da dê do du de di

fi fe fu fè fa fé fo
ge gu gé gi go ga gê
ho he hi ha hê hu hé
ja jê jo jé ju je ji
ke ki kè ko ké ku ka
lo la le li lu lé lè
mi mé ma mê mo mu me
ne nu ni né na nê no
pa pê pe pé po pi pu
ré ro rê ru re ra ri
su se so sê si sé sa
te ti tu té ta to tê
vo vé va vi vê vu ve
xi xa xé xo xe xê xu
yê yu ye ya yé yi yo
za zê zi ze zo zu zé.

blo ble bli blé bla blê blu
bré brê bru bri bre bro bra
cra cri cré cro cre cru crê
chi chu che cha ché chè cho
clè cla clé clu cle clo cli

dre dro dra drê dri dré dru
flo flê fle fli fla flu flé
frê fri fru fré fro fre fra
glu gle glo gli glé gla glê
gna gné gnê gni gne gno gnu
gré gru gre gra grê gri gro
phê pha pho phi phe phu phé
pli plê plu ple plo plé pla
pre pro prê pri pré pra pru
quo qué qui quê quu que qua
spu spa spé spo spê spi spe
sté sti sta ste stu stê sto
tla tlé tlo tlu tle tli tlê
tre tro trê tri tra tré tru
vlu vle vli vlê vlo vlé vla
vru vré vri vra vre vro vrê.

Voyelles composées.

ea æ œ ai ei au eau eu œu oi ou.

Diphtongues simples, composées, nasales, etc.

Bail beau bien bons buis

cail cent cinq çoit cueil
dans deur dieux doux dues
faim feuil fils fort fuir
gant gens gins gond gues
haie heur hins hors huit
jail jeux j'ins joie juif
laid lent lieu loin luth
mais meur mieux mois muid
nain nerf niais nous nuit
paix peur pied point puits
quand qu'est qu'il quoi qu'un
rang rein rien rond rues
sain sans siens soins suent
tard tems tiers tout turc
vail vent viol vœux vues.

Mots où l'on trouve les premiers principes de la Grammaire française.

Œil, yeux, dit-on, mal adroit, aiguë, Moïse, Saül, maçon, vérité, très, mâle, le héros, l'homme, moyen, pétition, que fais-tu? que tu es osé!

Interjections.

Ha! Aye! Ouf! Hélas! Fi! Fi donc! Ah! Hé! Ça! Ho! Holà! Tout beau!

INS-TRUC-TI-ONS MO-RA-LES
ET PEN-SÉES CHOI-SIES.

Mes chers en-fans, ap-pre-nez que vo-tre pre-mi-er de-voir est de con-noî-tre Di-eu com-me Cré-a-teur, de le crain-dre com-me Sei-gneur, et de l'ai-mer com-me Pè-re.

N'ou-bli-ez ja-mais que Di-eu ne vous a cré-és que pour lui, et que par con-sé-quent, tou-tes les ac-ti-ons de vo-tre vie ne doi-vent ê-tre rap-por-tées qu'à lui.

Pen-sez sou-vent à tou-tes ses bon-tés. Il vous ai-de-ra dans tou-tes vos en-tre-pri-ses, si vous le con-sul-tez. Met-tez tou-te vo-tre con-fi-an-ce en lui.

Di-eu voit et en-tend tout ; c'est la con-so-la-ti-on des en-fans ver-tu-eux, et le dé-ses-poir des mé-chans.

Dans quel-que gou-ver-ne-ment que vous ha-bi-ti-ez, ob-ser-vez-en re-li-gi-eu-se-ment les lois. Qui-con-que les en-freint, bles-se les in-té-rêts de la so-ci-é-té, et dé-so-bé-it à Di-eu mê-me.

La bon-ne cons-ci-en-ce est un fonds i-né-pui-sa-ble de con-so-la-ti-on et d'espé-ran-ce ; si vous com-met-tez u-ne fau-te, el-le vous en a-ver-ti-ra. Le re-pen-tir des fau-tes est le sa-lut de l'â-me.

Res-pec-tez vo-tre pè-re et vo-tre mè-re; ser-vez-les com-me Di-eu mê-me, et as-sis-tez-les jus-qu'à tout ven-dre pour les sou-la-ger ; c'est le seul mo-yen d'ê-tre un jour du nom-bre des bi-en-heu-reux.

Un en-fant sa-ge é-cou-te a-vec a-vi-di-té leurs bon-nes ins-truc-ti-ons, et re-çoit a-vec do-ci-li-té et re-con-nois-san-ce les ré-pri-man-des et les pu-ni-ti-ons qu'on est o-bli-gé de lui fai-re pour le cor-ri-ger, le ren-dre ai-ma-ble, et lui as-su-rer u-ne vie heu-reu-se.

Ce-lui qui a le mal-heur d'ê-tre as-sez dé-na-tu-ré pour ha-ïr et ou-tra-ger son pè-re ou sa mè-re, por-te a-vec lui sa pro-pre ré-pro-ba-ti-on, et est un mons-tre de-vant Di-eu et de-vant les hom-mes.

Ap-pre-nez que la mo-des-tie, la dou-ceur, la sa-ges-se et la vé-ri-té doi-vent ê-tre le par-ta-ge d'un en-fant, et que le men-son-ge est l'ob-jet du plus grand mé-pris.

Un men-teur est aus-si o-di-eux et

plus à crain-dre qu'un vo-leur; il est com-pa-ra-ble à un corps pes-ti-fé-ré, dont l'ap-pro-che est dan-ge-reu-se.

E-tu-di-ez-vous à ê-tre hon-nê-te et com-plai-sant en-vers tout le mon-de, et é-vi-tez les que-rel-les et les dis-pu-tes a-vec vos con-dis-ci-ples; sur-tout ne ju-rez ja-mais, car c'est le pro-pre d'u-ne â-me bas-se et cra-pu-leu-se.

Sans la ver-tu, point de bon-heur dans ce mon-de et dans l'au-tre; et on n'a point de ver-tu sans ê-tre bien-fai-sant.

Ne remettez pas à demain à faire le bien que l'occasion vous invite à faire aujourd'hui. Si vous ne pouvez soulager les malheureux, tâchez de les consoler.

Une belle âme est extrêmement sensible aux bienfaits qu'elle a reçus; elle en conserve toujours le souvenir; mais l'ingrat, cet être odieux, les a bientôt oubliés.

L'art d'être heureux ne s'acquiert que par l'instruction, l'application et le travail. Fuyez donc l'oisiveté, qui est la source de tous les vices.

L'enfant abandonné à sa volonté devient paresseux, fainéant, méchant, insolent, pervers, libertin, et est haï de tout le monde; sa fin est toujours funeste: évitez-le comme la peste.

Mes chers enfans, dans toutes vos actions, dites en vous-mêmes: Cela doit-il se faire, ou cela ne doit-il pas se faire? Consultez ensuite le point d'honneur et le salut de votre corps et de votre âme: par ce moyen vous éviterez bien des repentirs.

Si vous voulez bien régler votre conduite et votre cœur, évitez tout ce que vous blâmeriez dans autrui.

Ne parlez qu'en bien de votre prochain: l'honnête homme ne médit jamais de personne.

Heureux l'enfant qui ne fréquente que des gens sages et vertueux! les mauvais discours corrompent les bonnes mœurs; éloignez-vous donc du méchant et de l'impie.

Que jamais l'ambition ni l'amour des richesses n'entrent dans votre cœur: la perte du repos en est ordinairement le prix.

Celui-là a beau vouloir vous paroître gai, content ou heureux, qui, pour assouvir sa cupidité ou son ambition, a sacrifié son honneur, sa réputation, son sang même;

il n'a pas moins dans son cœur des vipères (la honte et le remords) qui le rongent continuellement.

La tempérance dans le boire et le manger, la science et le travail sont de grands médecins qui chassent bien des maux.

Dès l'enfance, chérissez les bonnes instructions, et vous acquerrez la sagesse, qui vous procurera une heureuse vieillesse.

Une bonne éducation fait sur le cœur et l'esprit ce que la santé fait au corps : en effet, l'enfant bien élevé porte partout avec lui son repos et son bonheur.

La plus précieuse richesse que les pères et mères puissent procurer à leurs enfans, est donc une bonne éducation; mais il arrive souvent que leur excessive et aveugle tendresse pour eux détruit l'effet des bonnes instructions que donnent les instituteurs; gâte leur cœur, et les rend méprisables, ingrats, et quelquefois pervers.

Rien ne nuit plus aussi au progrès de l'instruction et au succès de l'éducation des enfans, que de dénigrer et d'avilir devant eux leurs instituteurs. Qu'il y a de parens qui le font inconsidérément, soit par des plaintes mal fondées, soit en dévoilant et en grossissant leurs défauts! Ils ne s'aperçoivent pas sans doute qu'en arrachant du cœur de leurs enfans les sentimens de confiance, d'estime et de respect qu'ils doivent nécessairement avoir pour leurs instituteurs, ils leur ôtent tout moyen de tirer du fruit de leurs instructions.

Les parens qui veulent confier le dépôt sacré de leurs enfans, soit à des maîtres de pension, soit à des instituteurs, doivent, avant de le faire, choisir ceux dont ils se seront rendus certains sous le rapport des mœurs, des talens et des vertus. Une fois le choix fait, ils doivent leur céder avec confiance tous les droits qu'ils ont sur leurs enfans: de même ceux-là doivent s'en faire aimer, craindre et respecter, comme tenant la place des parens.

L'ordre qu'un maître d'éducation fait régner dans sa classe, est l'image du gouvernement le mieux policé, et de celui qui doit un jour être observé dans la maison de ses élèves.

Les services que rendent à la société

les instituteurs et les institutrices, sont inappréciables. L'or a son prix, mais les sages et les bonnes instructions n'en ont pas.

CONSEILS
DU BON-HOMME RICHARD.

Dieu dit à l'homme : Aide-toi, je t'aiderai.

L'oisiveté ressemble à la rouille, elle use plus que le travail : la clef dont on se sert, est toujours claire.

Le renard qui dort, ne prend point de poules. Le tems perdu ne se retrouve jamais.

L'industrie rend tout aisé : la paresse trouve tout difficile ; elle va si lentement, que la pauvreté l'atteint tout d'un coup.

Celui qui vit sur l'espérance, court risque de mourir de faim. Il n'y a point de profit sans peine.

La faim regarde à la porte de l'homme laborieux ; mais elle n'ose pas y entrer.

Avez-vous quelque chose à faire pour demain, faites-le aujourd'hui.

La fileuse vigilante ne manque jamais de chemises.

Le savoir est pour l'homme studieux, les richesses pour l'homme vigilant, et le ciel pour la vertu.

Soyez ménager ; plus la cuisine est grasse, plus le testament est maigre. Un peu, répété plusieurs fois, fait beaucoup.

Quand le puits est à sec, l'on connoît la valeur de l'eau.

Ne soyez point glorieux. L'orgueil déjeune avec l'abondance, dîne avec la pauvreté, et soupe avec la honte.

Si vous ne voulez pas écouter la raison, elle ne manquera pas de se faire sentir.

PRINCIPES

DE CIVILITÉ, DE CONDUITE, etc.

La civilité est une vertu qui consiste à savoir vivre et se conduire d'une manière honnête et bienséante ; aussi c'est par le maintien, l'air, la contenance, le geste, la propreté, la manière de se présenter, de s'énoncer, de s'habiller, de manger, etc., que l'on connoît si un enfant est bien élevé ou non.

Si vous voulez, mes chers enfans, pratiquer cette vertu qui procure tant d'avantages, retenez bien les préceptes que l'on va vous donner sur la manière de vous conduire en particulier, à table et en société.

Manière de se conduire en particulier.

Accoutumez-vous, dès le bas âge, à vous lever de grand matin, pour jouir du plus beau spectacle de la nature, celui du lever du soleil.

Lorsque vous serez levé, habillez-vous modestement et proprement, et surtout ayez toujours des souliers bien nettoyés, des bas bien tirés, et vos cheveux bien peignés ; car les premiers regards que l'on reçoit, sont toujours portés sur la tête et les pieds, et c'est par là que l'on juge si une personne est propre ou malpropre.

Votre toilette finie, rendez à Dieu l'hommage qui lui est dû, et offrez-lui toutes vos actions de la journée. Avant de vous coucher, recommandez-vous à lui ; puisque celui qui se couche bien portant, n'est pas sûr de se lever en santé ni vivant le lendemain.

Faites-vous une habitude de vous laver les mains après votre lever, avant vos repas, et lorsque vous aurez touché quelque chose de malpropre. Coupez vos ongles, de manière qu'ils soient toujours courts, et ne portez jamais vos doigts ni au nez ni à la tête.

Ne manquez jamais à l'heure de l'étude et de vos diverses occupations, si vous voulez en conserver le goût et en retirer le fruit que vous vous promettez. Ne remettez jamais au lendemain ce que vous avez à faire, si le temps vous le permet.

Tâchez que vos momens de récréation soient profitables à vos parens, soit en vous rendant utile dans le ménage, soit en vous occupant à quelques petits travaux dans le jardin ou ailleurs, soit en ne quittant point les ouvriers que vous serez chargés de surveiller, soit enfin en veillant continuellement aux intérêts de vos parens, qui sont les vôtres propres : songez surtout que la véritable récréation n'est qu'un changement d'occupations ou une variété d'exercices fructueux, qui contribuent grandement à la santé et au bonheur.

Manière de se conduire à table.

A l'heure des repas, ne vous faites jamais attendre; cependant ne vous placez jamais le premier; et avant de vous mettre à table, offrez à Dieu la nourriture que vous allez prendre.

Aussitôt que vous êtes assis, dépliez votre serviette lorsque vous verrez que les autres déplieront la leur, et arrangez-la sur votre estomac, de manière que rien de ce qui pourroit tomber, ne puisse gâter vos vêtemens. Tenez-vous droits, et ayez toujours vos poignets sur la table.

Mangez selon votre appétit, et toujours avec sobriété; c'est le moyen de vous entretenir dans une bonne santé. Surtout accoutumez-vous à manger de tout : vous vous éviterez par là bien des privations.

Ne mordez pas, mais coupez tous vos morceaux pour manger. Ne les portez point à la bouche avec la main, à l'exception du pain, de la pâtisserie, du fruit, etc. Ne mangez point avec précipitation et avidité. Il est malhonnête de regarder avec affectation et envie les mets que l'on sert.

A chaque bouchée, commencez par prendre le pain, et ensuite la viande ou le légume; ayez soin, en coupant vôtre pain, ou ce qui est sur votre assiette, de prendre votre couteau de la main droite, et votre fourchette de la gauche, de manière que vous ayez le doigt index étendu dessus. Ne portez rien à la bouche que de la main droite.

Remerciez toutes les fois qu'on vous donne quelque chose; et si ce que l'on vous sert est trop chaud, laissez-le un peu refroidir, en le remuant sans bruit avec la cuiller ou la fourchette; mais ne soufflez jamais dessus.

Changez d'assiette le moins souvent que vous pourrez; mais lorsque vous en aurez besoin d'une propre, ou que vous voudrez qu'on vous serve à boire, ou de quelque plat qui aura été entamé, demandez-le d'un ton doux et honnête; surtout ne dites jamais votre goût, quand bien même on vous le demanderoit.

Videz vôtre bouche, et essuyez-vous les lèvres avec votre serviette, avant de boire. Buvez rarement votre vin sans eau, et n'en laissez jamais dans votre verre.

Ne faites pas de bruit en mangeant : ne vous mêlez point de la conversation, à moins qu'on ne vous porte la parole ; et ne remplissez pas trop votre bouche, afin de pouvoir répondre tout de suite lorsqu'on vous parle.

Posez sur le bord de votre assiette les os et ce que vous ne mangez pas ; surtout ne buvez point après votre assiette, et ne sucez jamais vos doigts.

Quand vous serez obligés de cracher ou de vous moucher, faites-le sans bruit. Ne vous nettoyez les dents qu'avec un cure-dent et hors de table ; cependant, si vous êtes forcés de le faire pendant le repas, mettez votre serviette devant votre bouche.

Il est bon de s'accoutumer de bonne heure à se mettre à table sans chapeau ; mais lorsqu'on le garde, il ne faut jamais l'ôter pour saluer : on incline seulement la tête.

Lorsque vous aurez fini de manger, pliez votre serviette, mettez-la sous votre assiette, et ne quittez la table qu'avec la compagnie, à moins que vous ne soyez obligé de le faire plus tôt. A la fin de chaque repas, n'oubliez jamais d'en rendre grâce à Dieu.

Manière de se conduire en compagnie.

Toutes les fois que vous entrez dans un appartement, ayez soin de fermer la porte, si vous la trouvez fermée, ou de ne la pas déranger, si vous la trouvez ouverte ; ensuite saluez la compagnie, soit en ôtant votre chapeau, soit en inclinant la tête et la partie supérieure du corps, si vous n'avez point de chapeau ; si c'est dans une maison étrangère, présentez-vous, aussitôt votre salut fait, au maître et à la maîtresse de la maison, et demandez-leur comment ils se portent.

Cette cérémonie faite, asseyez-vous sur une chaise de préférence à un fauteuil ; à mesure qu'il entre des personnes, saluez-les, offrez-leur votre chaise, ou approchez-en d'autres, s'il est nécessaire.

Etant assis, placez vos pieds sans croiser ni écarter vos jambes ; et gardez votre chapeau à la main, jusqu'à ce qu'on vous dise de vous couvrir.

Répondez aux questions qu'on vous fait, avec douceur, honnêteté et vérité. Parlez peu, écoutez avant de répondre, et pensez, avant de parler, à ce que vous allez dire.

N'interrompez point ceux qui parlent; il est souvent très-important de garder le silence. Ne chuchotez, ni ne parlez jamais en secret.

Si vous éternuez, que ce soit doucement et sans bruit : découvrez-vous au même instant, et faites-en autant lorsque quelqu'un éternuera. Si vous avez besoin de cracher, crachez à côté ou derrière vous, de manière que personne ne s'en aperçoive.

Lorsque vous fixerez ou examinerez une personne de la compagnie, faites-le promptement; et si elle s'en aperçoit, baissez aussitôt les yeux, ou portez vos regards ailleurs.

S'il arrive quelque circonstance qui vous fasse rire, riez modérément; si quelqu'un laisse tomber quelque chose par terre, courez vite le ramasser; et en le présentant à la personne à qui il appartient, faites du poignet un mouvement en forme d'honnêteté, et saluez.

On peut voir et examiner tout ce qui est offert à la vue dans un appartement; mais il ne faut jamais rien toucher, pas même les tisons du feu.

Quand vous voudrez quitter la compagnie, ayez soin de la saluer avant de sortir de l'appartement; et si l'on y joue, sortez sans rien dire, de manière qu'on n'aperçoive pas votre sortie.

Si vous vous trouvez plusieurs à la porte, ne sortez que le dernier; si le même cas arrive en entrant dans une maison ou un appartement, n'entrez pareillement que le dernier.

Quand vous passez dans une rue, ou que vous êtes à la promenade, ayez l'habitude de saluer tout le monde, à moins que vous n'habitiez une ville assez considérable pour que tous les habitans ne se connoissent pas; néanmoins, saluez toutes les personnes que vous connoissez.

Si vous accompagnez quelque personne du sexe, ou quelqu'un de plus âgé que vous, cédez-lui le haut du pavé, en passant derrière lui pour prendre le bas.

Si vous rencontrez quelque personne à qui vous devez du respect, et qui veuillent vous parler, approchez-vous d'elles le chapeau à la main, et ne les regardez point fixement pendant qu'elles vous parleront ; si vous vous croisez, prenez le bas du pavé.

La civilité étant le fruit d'une bonne éducation et la marque d'une belle âme, elle nous engage à faire honnêteté à tout le monde.

Jamais homme n'a été plus honnête, plus affable, ni plus chéri de ses sujets, que le prince d'Orange. *C'est*, disait ce héros, *acheter à bien bon marché l'estime et l'amitié des hommes, quand elles ne coûtent qu'une belle parole ou un coup de chapeau.*

Socrate salua un jour un particulier qui passa impertinemment sans lui rendre le salut. Comme les amis de Socrate s'étonnaient de son indifférence sur cette malhonnêteté, il leur dit : *Dois-je me fâcher contre ce particulier, parce qu'il est moins honnête que moi ? Si je voyais passer un homme qui fût plus laid et plus mal fait que moi, devrai-je me fâcher contre lui ?*

Principes Généraux Relatifs à l'Écriture.

De la tenue de la Plume.

O<small>N</small> tient légèrement la plume avec le bout des premier et troisième doigts ; on étend le second sur son dos, de manière que le plumasseau traverse les première et seconde jointures de ce doigt, sans aller jusqu'à sa troisième. Ce doigt ne sert qu'à arrêter la plume, pendant que les deux autres la font aller et tourner imperceptiblement. Ces trois doigts doivent être très-flexibles, et jamais crochus. Le troisième doigt ne doit pas descendre plus bas que vers le commencement de l'entaille de la plume ; les deux autres restent dans leur état naturel. Le mouvement de ces trois doigts suffit pour former toutes les lettres ; mais il faut celui du poignet, et quelquefois celui du bras, pour tirer des lettres capitales ou des paraphes.

De la position du bec de la plume.

On doit placer le bec de la plume de manière que ses deux côtés se trouvent également appuyés sur le papier; cependant il faut incliner un peu plus celui qui est du côté du pouce, afin de former plus aisément les traits déliés des caractères.

De la position du bras et du corps.

Pour écrire à son aise, il faut être assis à telle hauteur, que les coudes soient de niveau avec la table, et que, sans se trop baisser, on puisse voir ce qu'on écrit. Le corps, qui, par conséquent, se trouve un peu incliné, doit se soutenir insensiblement sur le coude gauche, afin que le bras droit soit libre, et que la main puisse tracer avec plus de facilité toutes sortes de lettres; le poignet, qu'on place sur le papier, soutient la main, et les autres derniers doigts qu'on tourne en dedans de la main, et qui coulent imperceptiblement sur le papier, soutiennent les trois premiers pendant qu'ils conduisent la plume. Les coudes doivent être sur le bord de la table, sans que le ventre ni l'estomac la touchent. On tient toujours son papier droit devant soi, et on pose la main gauche dessus, pour l'empêcher de vaciller.

Définition de l'écriture.

L'écriture est un composé de diverses lignes droites et courbes, qui, réunies ensemble, forment des caractères ou lettres, dont on fait des syllabes, de mots, etc.

Principes des lettres.

Tous les caractères de l'alphabet ont pour principes trois lettres ; savoir : *o, i, f.*

On forme de l'*o*, toutes les lettres qui ont quelque forme ovale.

De l'*i*, toutes celles qui ont quelque trait qui participe du jambage.

De l'*f*, toutes celles qui ont, avec leur corps, une tête ou une queue.

*Formation de l'*o.

On commence la lettre *o* par un trait délié, appelé *tranchant*, suivi, en descendant, d'un autre un peu plus gros, nommé *demi-plain*, puis un troisième encore un peu plus gros, appelé *plain imparfait*, et enfin, d'un quatrième tout-à-fait du plain de la plume, nommé *plain parfait*. Ce sont ces quatre principaux effets de la plume, qui, avec quelques autres moins sensibles, produisent successivement en rondeur, la moitié du demi-cercle de cette lettre, et qui se répètent en montant dans l'autre demi-cercle, qui se termine par un plain revers.

*Formation de l'*i.

La lettre *i* se commence par un trait délié, conduit de bas en haut, auquel suit un jambage qui se fait du haut en bas, de la largeur du bec de la plume, et qui se termine par un trait délié, un peu courbe. On met un point au-dessus du jambage.

*Formation de l'*f.

On commence la lettre *f* par un revers de plume, conduit en rondeur de droite à gauche, auquel succède de suite un jambage, fait du plain de la plume, de la longueur d'environ deux fois un *i*, et qui s'achève par un trait arrondi, et conduit à gauche, qu'on termine par un point. On tire sur cette lettre un trait délié, à la hauteur du corps de la lettre qui la précède ou la suit.

Avant d'apprendre aux enfans la formation de ces trois lettres, il est essentiel de leur donner à former, avec le plain de la plume, un grand jambage, qui aura la figure d'une *l*, sans trait délié ni en haut ni en bas (l). La formation de ce caractère, plus aisée que celle des trois autres, apprendra à l'élève à mettre et tenir sa plume au plain, et à tirer du haut en bas un jambage droit.

De la distance d'une lettre à l'autre.

La distance que l'on met entre deux lettres, est d'environ la largeur d'un *i*; il faut observer qu'on donne moins de distance aux lettres qui ont la forme ovale.

De la distance entre les mots.

La distance qu'on doit mettre entre les mots, est d'environ la largeur d'une *m*; on en donne moins aux monosyllabes.

De la distance entre les lignes.

La distance que l'on met entre les lignes, est d'environ trois fois la hauteur du corps d'une lettre, de manière que les têtes et les queues ne se touchent et ne s'embarrassent point.

De la taille de la plume.

Pour tailler une plume, on fait une ouverture au bout du tuyau, de manière qu'à l'endroit qui répond au milieu du dos, on puisse facilement commencer la fente avec la lame du canif, et l'achever avec le bout du manche qu'on y introduit, en le soulevant un peu. Pour empêcher que la fente n'aille trop loin, on met le pouce à l'endroit où l'on veut qu'elle s'arrête.

Cette fente faite, on ouvre la plume du côté de son ventre, et ensuite on taille et cave les deux côtés de cette même fente, pour former les deux anches et faire le bec. On doit faire ce bec de façon qu'après avoir ôté la moitié de son épaisseur, et après avoir tranché, un peu biaisant, l'extrémité de sa pointe, le côté du pouce, quand on écrit, se trouve plus large et plus long. La largeur de la pointe sera proportionnée au plus ou moins de grosseur qu'on voudra donner à l'écriture ; et sa longueur, ainsi que celle de sa fente, seront aussi proportionnées à la force ou à la faiblesse de la plume, c'est-à-dire, qu'elles seront plus longues pour une plume forte, et plus courtes pour une plume faible.

MAXIMES
POUR LES JEUNES GENS.

Rendez au Créateur tout ce qu'on lui doit rendre.
Réfléchissez avant que de rien entreprendre.
Ne vous associez qu'avec d'honnêtes gens.
Ne présumez pas trop de vos heureux talens.
Ne vous opposez point aux sentimens des autres;
Cédez modestement, si l'on combat les vôtres.
Rendez-vous attentif à tout ce qu'on vous dit,
Et n'affectez jamais d'avoir beaucoup d'esprit.
N'entretenez personne au delà de sa sphère.
Dans tous vos entretiens soyez droit et sincère.
Tenez votre parole inviolablement;
Mais ne promettez pas inconsidérément.
Soyez officieux, complaisant, doux, affable;
Ayez un air ouvert, et l'abord favorable.
Autant nuit l'humeur sombre, autant plaît la gaîté.
Ne décidez de rien sans l'avoir médité.
Aimez sans intérêt, pardonnez sans faiblesse.
A vos supérieurs soyez soumis sans cesse.
Cultivez avec soin l'amitié d'un chacun.
A l'égard des procès, n'en intentez aucun.
Ne vous informez pas des affaires des autres;
Sans affectation ne dites rien des vôtres.
Prêtez sans intérêt, mais toujours prudemment.
S'il faut récompenser, faites-le noblement.
Et de quelque façon que vous vouliez paraître,
Que ce soit sans excès, et sans vous méconnaître.
Compatissez toujours aux disgrâces d'autrui;

Supportez ses défauts : soyez fidèle ami.
Surmontez les chagrins où l'esprit s'abandonne,
Et ne les faites point rejaillir sur personne.
Où la discorde règne, établissez la paix.
Ne vous vengez jamais qu'à force de bienfaits.
Reprenez sans aigreur, louez sans flatterie.
Riez modérément, entendez raillerie.
Estimez un chacun dans sa profession,
Et ne critiquez rien par ostentation.
Ne soyez point ingrat : payez toutes vos dettes.
Ne reprochez jamais les plaisirs que vous faites.
Prévenez les besoins d'un ami malheureux.
Sans prodigalité, montrez-vous généreux.
Modérez les transports d'une bile naissante.
Ne dites point de mal d'une personne absente.
Quand vous obéirez, montrez de la douceur.
Quand vous commanderez, évitez la hauteur.
Au bonheur du prochain ne portez point envie,
Ne divulguez jamais ce que l'on vous confie.
Ne vous vantez de rien; gardez votre secret,
Pour ne point redouter la voix de l'indiscret.
Qu'en votre cœur jamais l'intérêt ne domine.
Pour la perte ou le gain, suivez la loi divine.
Que rien sur vos devoirs ne vous soit inconnu.
Soyez dans vos discours, modeste, retenu.
Parlez peu, pensez bien, et ne trompez personne.
Faites toujours grand cas de tout ce qu'on vous donne.
Loin de tyranniser le pauvre débiteur,
De sa tranquillité soyez plutôt l'auteur.
Respectez la vertu, l'esprit et le mérite.
Faites-vous une loi de voir des gens d'élite.
Ménagez votre bien, et vivez sobrement,
Vous passerez vos jours fort agréablement.

CRIS DES ANIMAUX.

L'abeille bourdonne.
L'âne brait.
Le bœuf mugit ou beugle.
La brebis bêle.
Le chat miaule.
Le cheval hennit.
Le chien aboie ou jappe.
Le cochon grogne.
Le corbeau croasse, et la grenouille coasse.
Le lapin clapit.
Le lion rugit.
Le loup hurle.
Le serpent siffle.
L'aigle et la grue glapissent ou trompettent.
La cigogne craquette ou claquette.
Le paon braille ou criaille.
La poule d'Inde et le poulet gloussent ou piaulent.

CHIFFRES
ARABES ET ROMAINS.

Un	1	I.
Deux	2	II.
Trois	3	III.
Quatre	4	IV.
Cinq	5	V.
Six	6	VI.
Sept	7	VII.
Huit	8	VIII.
Neuf	9	IX.
Dix	10	X.
Onze	11	XI.
Douze	12	XII.
Treize	13	XIII.
Quatorze	14	XIV.
Quinze	15	XV.
Seize	16	XVI.
Dix-sept	17	XVII.
Dix-huit	18	XVIII.

Dix-neuf	19	XIX.
Vingt	20	XX.
Vingt-cinq	25	XXV.
Trente	30	XXX.
Quarante	40	XL.
Cinquante	50	L.
Soixante	60	LX.
Soixante-dix	70	LXX.
Quatre-vingts	80	LXXX.
Quatre-vingt-dix	90	XC.
Cent	100	C.
Cent cinquante	150	CL.
Cinq cents	500	D.
Mille	1000	M.

FIN.

www.ingramcontent.com/pod-product-compliance
Lightning Source LLC
Chambersburg PA
CBHW061016050426
42453CB00009B/1465